AF200007

Impressum
Verlag: BABADADA GmbH, Nedderfeld 112 , 22529 Hamburg
Geschäftsführer / Verlagsleitung: Harald Hof
Druck: Books on Demand GmbH, In de Tarpen 42, 22848 Norderstedt

Imprint
Publisher: BABADADA GmbH, Nedderfeld 112 , 22529 Hamburg, Germany
Managing Director / Publishing direction: Harald Hof
Print: Books on Demand GmbH, In de Tarpen 42, 22848 Norderstedt

Schule
l'école

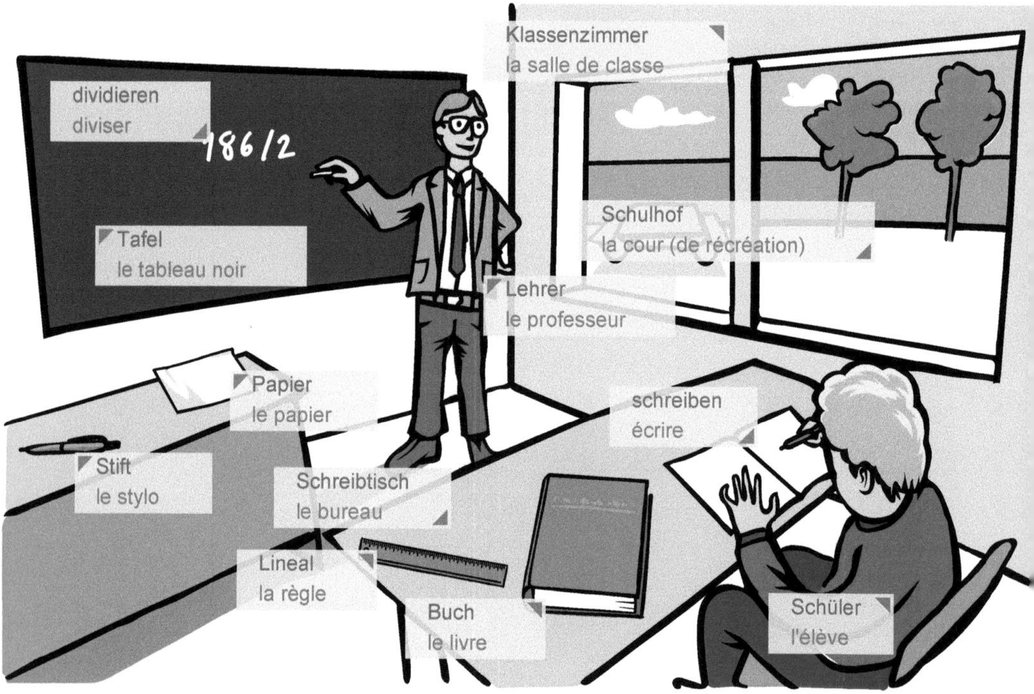
Klassenzimmer
la salle de classe
dividieren
diviser
186/2
Tafel
le tableau noir
Schulhof
la cour (de récréation)
Lehrer
le professeur
Papier
le papier
schreiben
écrire
Stift
le stylo
Schreibtisch
le bureau
Lineal
la règle
Buch
le livre
Schüler
l'élève

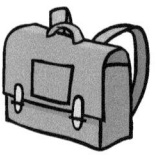

Ranzen

le cartable

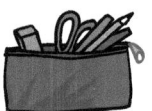

Federmappe

la trousse

Bleistift

le crayon

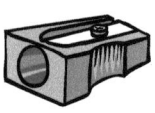

Bleistiftanspitzer

le taille-crayon

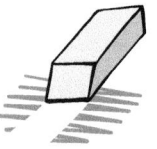

Radiergummi

la gomme

Zeichenblock

le carnet à dessin

Zeichnung

le dessin

Pinsel

le pinceau

Malkasten

la boîte de peinture

Schere

les ciseaux

Klebstoff

la colle

Übungsheft

le cahier d'exercices

Hausaufgabe

les devoirs

12

Zahl

le chiffre

2+2

addieren

additionner

5-2

subtrahieren

soustraire

2×2

multiplizieren

multiplier

rechnen

calculer

A

Buchstabe

la lettre

**ABCDEFG
HIJKLMN
OPQRSTU
VWXYZ**

Alphabet

l'alphabet

hello

Wort

le mot

Text

le texte

lesen

lire

Kreide

la craie

Stunde

la leçon

Klassenbuch

le livre de classe

Prüfung

l'examen

Zeugnis

le certificat

Schuluniform

l'uniforme scolaire

Ausbildung

la formation

Lexikon

le lexique

Universität

l'université

Mikroskop

le microscope

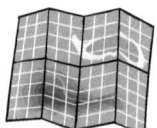

Karte

la carte

Papierkorb

la corbeille à papier

Reise
le voyage

Hotel
l'hôtel
Grand
Herberge
l'auberge
ROOMS
Wechselstube
le bureau de change
CHANGE
Koffer
la valise
Auto
la voiture

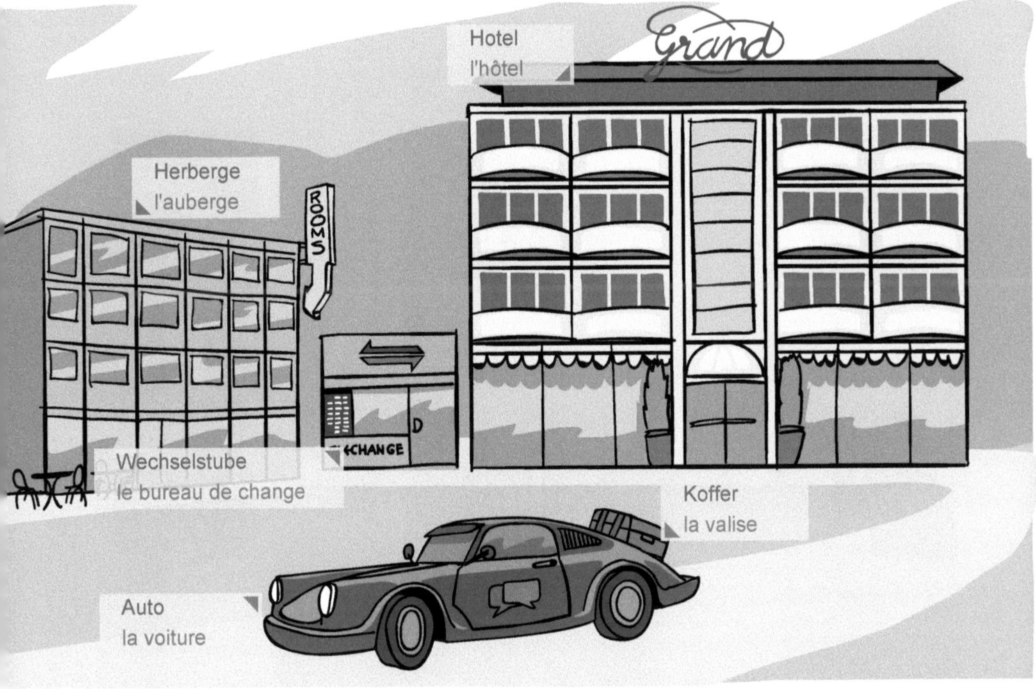

Sprache
la langue

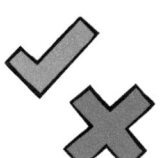

ja / nein
oui / non

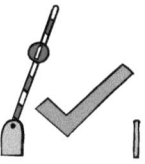

Okay
d'accord

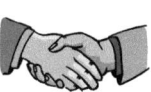

Hallo
Salut

Übersetzer
l'interprète

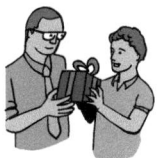

Danke
merci

Was kostet...?

Combien coûte...?

Ich verstehe nicht

Je ne comprends pas

Problem

le problème

Guten Abend!

Bonsoir !

Guten Morgen!

Bonjour !

Gute Nacht!

Bonne nuit !

Auf Wiedersehen

Au revoir

Richtung

la direction

Gepäck

les bagages

Tasche

le sac

Rucksack

le sac-à-dos

Gast

l'hôte

Zimmer

la pièce

Schlafsack

le sac de couchage

Zelt

la tente

Touristeninformation

l'office de tourisme

Strand

la plage

Kreditkarte

la carte de crédit

Frühstück

le petit-déjeuner

Mittagessen

le déjeuner

Abendessen

le dîner

Fahrkarte

le billet

Fahrstuhl

l'ascenseur

Briefmarke

le timbre

Grenze

la frontière

Zoll

la douane

Botschaft

l'ambassade

Visum

le visa

Pass

le passeport

Transport

le transport

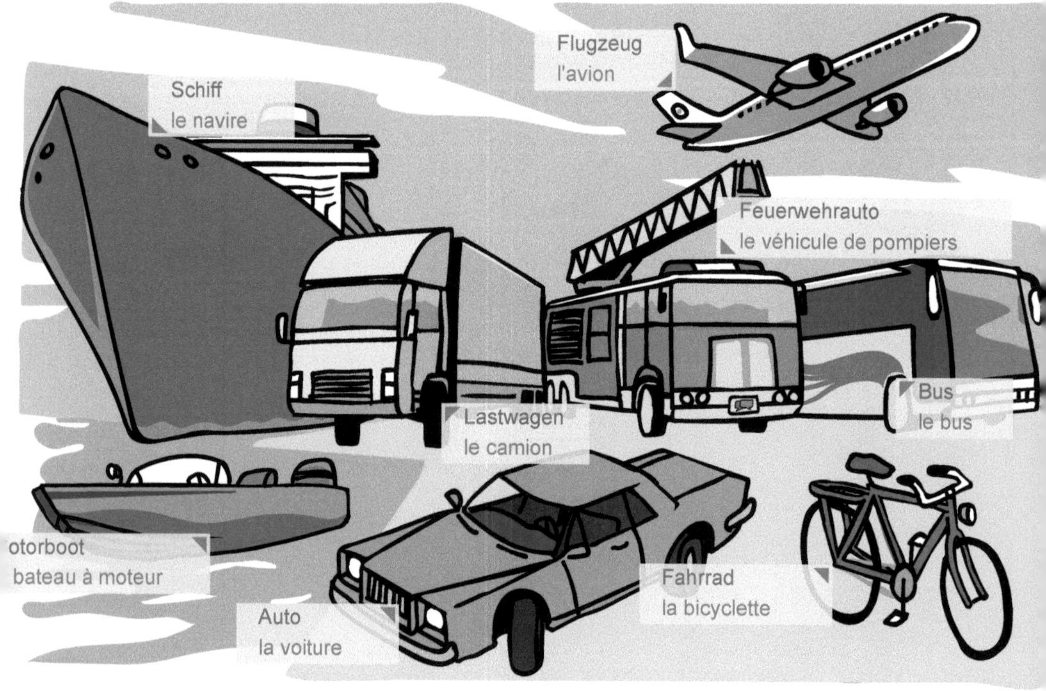

Flugzeug
l'avion

Schiff
le navire

Feuerwehrauto
le véhicule de pompiers

Bus
le bus

Lastwagen
le camion

otorboot
bateau à moteur

Fahrrad
la bicyclette

Auto
la voiture

Fähre

le ferry

Boot

la barque

Motorrad

la moto

Polizeiauto

la voiture de police

Rennauto

la voiture de course

Mietwagen

la voiture de location

Carsharing

l'auto-partage

Abschleppwagen

la voiture de remorquage

Müllauto

la benne à ordures

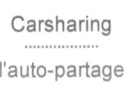

Motor

le moteur

Kraftstoff

l'essence

Tankstelle

la station d'essence

Verkehrsschild

le panneau indicateur

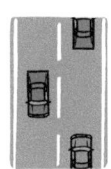

Verkehr

le trafic

Stau

l'embouteillage

Parkplatz

le parking

Bahnhof

la gare

Schienen

les rails

Zug

le train

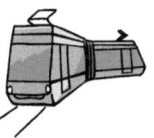

Straßenbahn

le tramway

Wagon

le wagon

Helikopter

l'hélicoptère

Flughafen

l'aéroport

Tower

la tour

Passagier

le passager

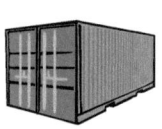

Container

le conteneur

Karton

le carton

Karren

le chariot

Korb

la corbeille

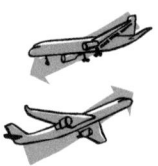

starten / landen

décoller / atterrir

Stadt

la ville

Dorf

le village

Stadtzentrum

le centre-ville

Haus

la maison

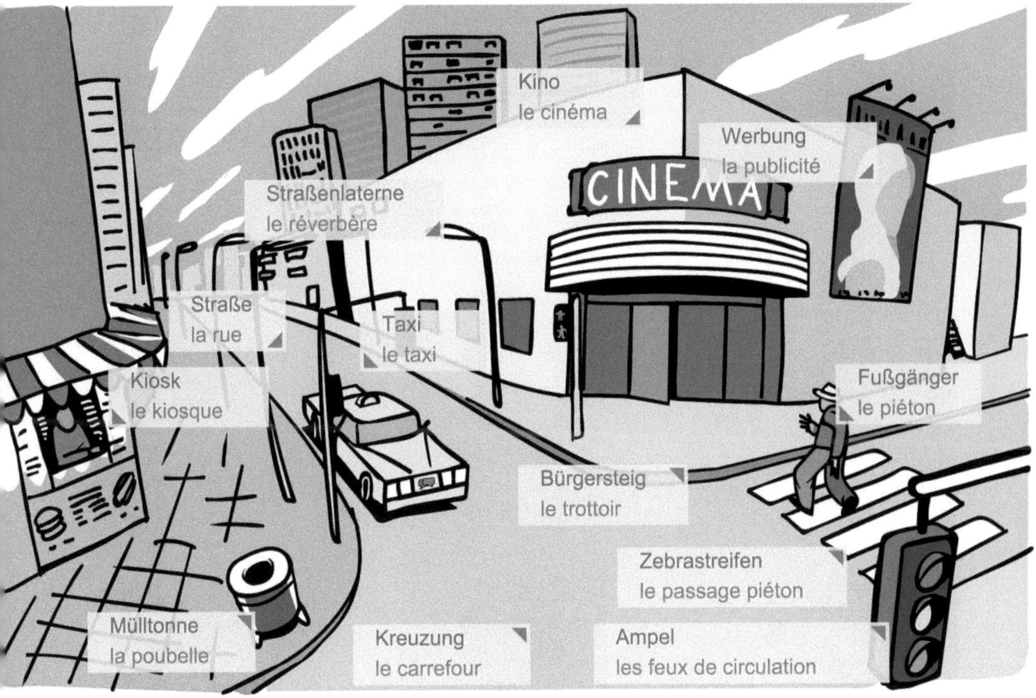

CINEMA

Kino
le cinéma

Werbung
la publicité

Straßenlaterne
le réverbère

Straße
la rue

Taxi
le taxi

Kiosk
le kiosque

Fußgänger
le piéton

Bürgersteig
le trottoir

Zebrastreifen
le passage piéton

Mülltonne
la poubelle

Kreuzung
le carrefour

Ampel
les feux de circulation

Hütte
la cabane

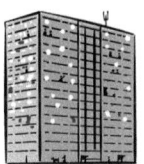

Wohnung
l'appartement

Bahnhof
la gare

Rathaus
la mairie

Museum
le musée

Schule
l'école

Universität

l'université

Bank

la banque

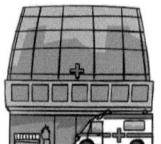

Krankenhaus

l'hôpital

Hotel

l'hôtel

Apotheke

la pharmacie

Büro

le bureau

Buchhandlung

la librairie

Geschäft

le magasin

Blumenladen

le fleuriste

Supermarkt

le supermarché

Markt

le marché

Kaufhaus

le grand magasin

Fischhändler

la poissonnerie

Einkaufszentrum

le centre commercial

Hafen

le port

Park

le parc

Bank

la banque

Brücke

le pont

Treppe

les escaliers

U-Bahn

le métro

Tunnel

le tunnel

Bushaltestelle

l'arrêt de bus

Bar

le bar

Restaurant

le restaurant

Briefkasten

la boîte à lettres

Straßenschild

le panneau indicateur

Parkuhr

le parcmètre

Zoo

le zoo

Badeanstalt

le réverbère

Moschee

la mosquée

Bauernhof

la ferme

Umweltverschmutzung

la pollution

Friedhof

la cimetière

Kirche

l'église

Spielplatz

l'aire de jeux

Tempel

le temple

Landschaft

le paysage

Blatt
la feuille

Wegweiser
le panneau indicateur

Weg
le chemin

Wiese
le pré

Stein
la pierre

Wanderer
le randonneur

Baum
l'arbre

Fluss
la rivière

Gras
l'herbe

Blume
la fleur

Tal

la vallée

Berg

la montagne

See

le lac

Wald

la forêt

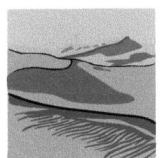

Wüste

le désert

Vulkan

le volcan

Schloss

le château

Regenbogen

l'arc-en-ciel

Pilz

le champignon

Palme

le palmier

Moskito

le moustique

Fliege

la mouche

Ameise

les fourmis

Biene

l'abeille

Spinne

l'araignée

Käfer

le coléoptère

Frosch

la grenouille

Eichhörnchen

l'écureuil

Igel

le hérisson

Hase

le lièvre

Eule

la chouette

Vogel

l'oiseau

Schwan

le cygne

Wildschwein

le sanglier

Hirsch

le cerf

Elch

l'élan

Staudamm

le barrage

Windrad

l'éolienne

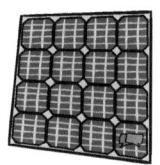

Solarmodul

le panneau solaire

Klima

le climat

Restaurant
le restaurant

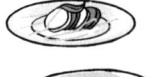

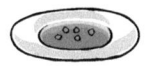

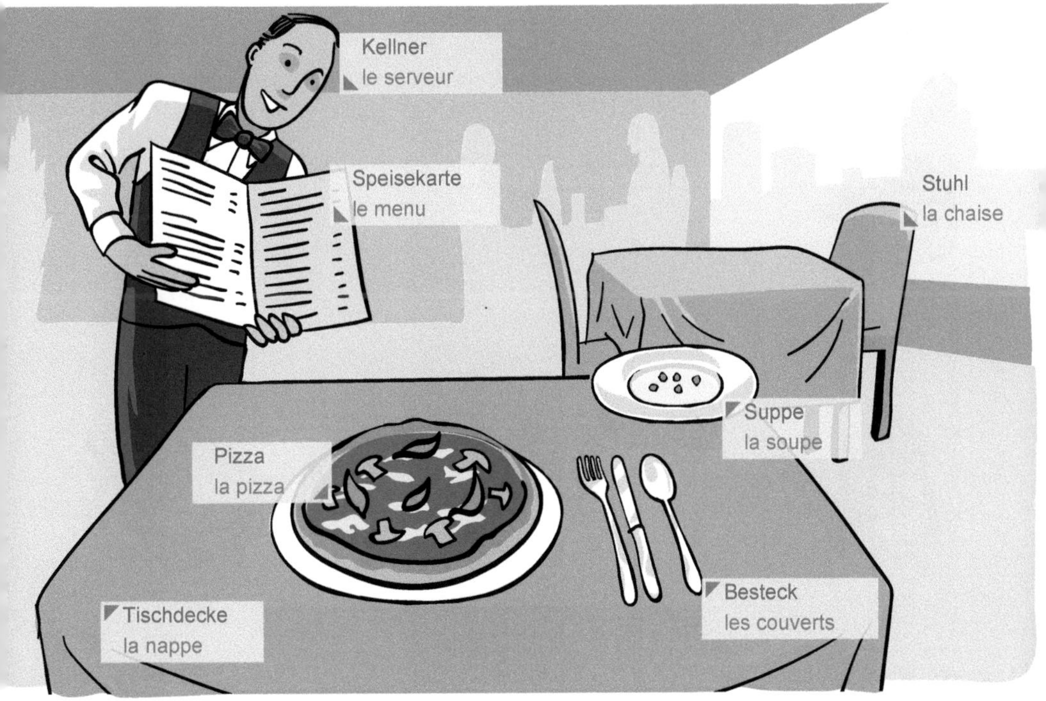
Kellner
le serveur
Speisekarte
le menu
Stuhl
la chaise
Suppe
la soupe
Pizza
la pizza
Besteck
les couverts
Tischdecke
la nappe

Vorspeise
les hors d'œuvre

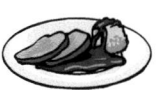

Hauptgericht
le plat principal

Nachspeise
le dessert

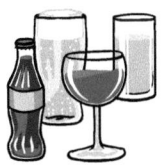

Getränke
les boissons

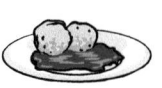

Essen
l'alimentation

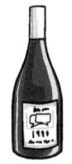

Flasche
la bouteille

Fastfood

le fast-food

Streetfood

les plats à emporter

Teekanne

la théière

Zuckerdose

le sucrier

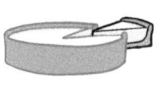

Portion

la portion

Espressomaschine

la machine à expresso

Hochstuhl

la chaise haute

Rechnung

la facture

Tablett

le plateau

Messer

le couteau

Gabel

la fourchette

Löffel

la cuillère

Teelöffel

la cuillère à thé

Serviette

la serviette

Glas

le verre

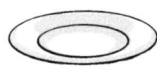

Teller

l'assiette

Suppenteller

l'assiette à soupe

Untertasse

la soucoupe

Sauce

la sauce

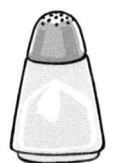

Salzstreuer

la salière

Pfeffermühle

le moulin à poivre

Essig

le vinaigre

Öl

l'huile

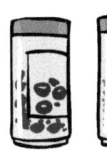

Gewürze

les épices

Ketchup

le ketchup

Senf

la moutarde

Mayonnaise

la mayonnaise

Supermarkt
le supermarché

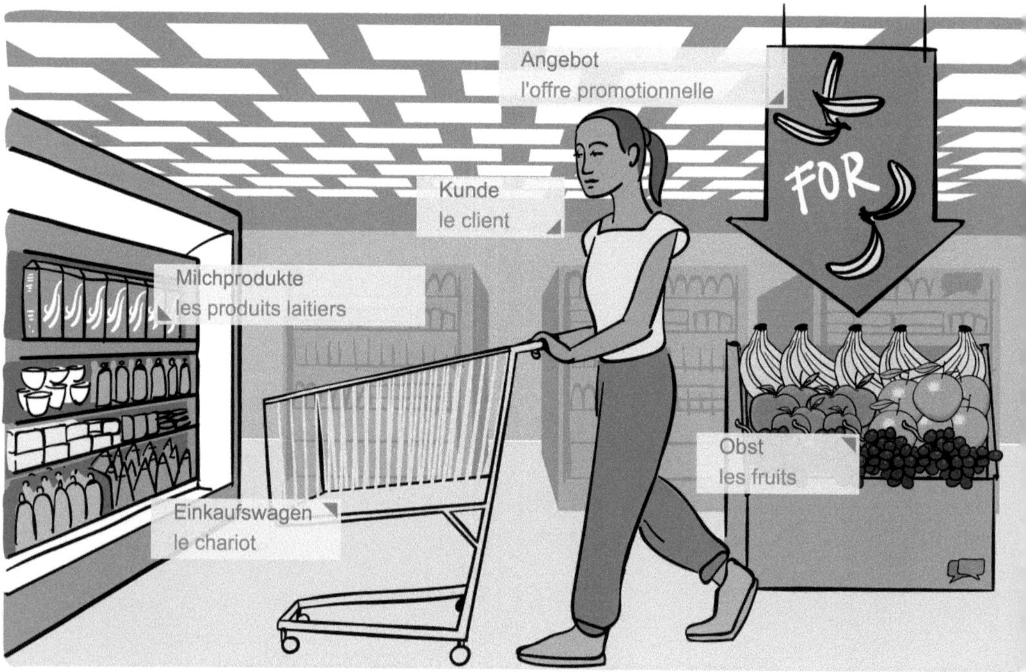

Angebot
l'offre promotionnelle
FOR
Kunde
le client
Milchprodukte
les produits laitiers
Obst
les fruits
Einkaufswagen
le chariot

BUTCHERS

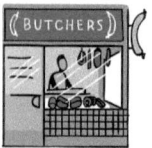

Schlachterei

la boucherie

BAKERY

Bäckerei

la boulangerie

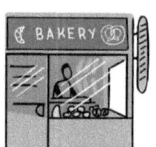

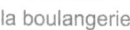

wiegen

peser

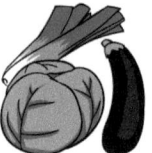

Gemüse

les légumes

Fleisch

la viande

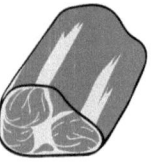

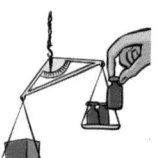

Tiefkühlkost

les aliments surgelés

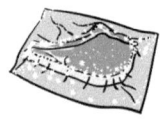

Aufschnitt

la charcuterie

Konserven

les conserves

Waschmittel

la poudre à lessive

Süßigkeiten

les bonbons

Haushaltsartikel

les articles ménagers

Reinigungsmittel

les détergents

Verkäuferin

la vendeuse

Kasse

la caisse

Kassierer

le caissier

Einkaufsliste

la liste d'achats

Öffnungszeiten

les heures d'ouverture

Brieftasche

le portefeuille

Kreditkarte

la carte de crédit

Tasche

le sac

Plastiktüte

le sac en plastique

Getränke

les boissons

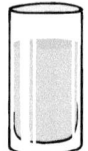

Wasser

l'eau

Saft

le jus de fruit

Milch

le lait

Cola

le coca

Wein

le vin

Bier

la bière

Alkohol

l'alcool

Kakao

le chocolat chaud

Tee

le thé

Kaffee

le café

Espresso

l'expresso

Cappuccino

le cappuccino

Banane

la banane

Apfel

la pomme

Orange

l'orange

Melone

le melon

Zitrone

le citron.

Karotte

la carotte

Knoblauch

l'ail

Bambus

le bambou

Zwiebel

l'oignon

Pilz

le champignon

Nüsse

les noisettes

Nudeln

les pâtes

Spaghetti

les spaghetti

Reis

le riz

Salat

la salade

Pommes frites

les pommes frites

Bratkartoffeln

les pommes de terre rôties

Pizza

la pizza

Hamburger

le hamburger

Sandwich

le sandwich

Schnitzel

l'escalope

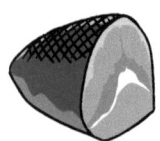

Schinken

le jambon

Salami

le salami

Wurst

la saucisse

Huhn

le poulet

Braten

le rôti

Fisch

le poisson

Haferflocken

les flocons d'avoine

Müsli

le muesli

Cornflakes

les cornflakes

Mehl

la farine

Croissant

le croissant

Brötchen

les petits-pains

Brot

le pain

Toast

le pain grillé

Kekse

les biscuits

Butter

le beurre

Quark

le fromage blanc

Kuchen

le gâteau

Ei

l'œuf

Spiegelei

l'œuf au plat

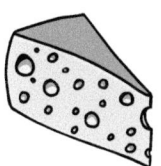

Käse

le fromage

Eiscreme

la glace

Zucker

le sucre

Honig

le miel

Marmelade

la confiture

Nougat-Creme

la crème nougat

Curry

le curry

Bauernhof
la ferme

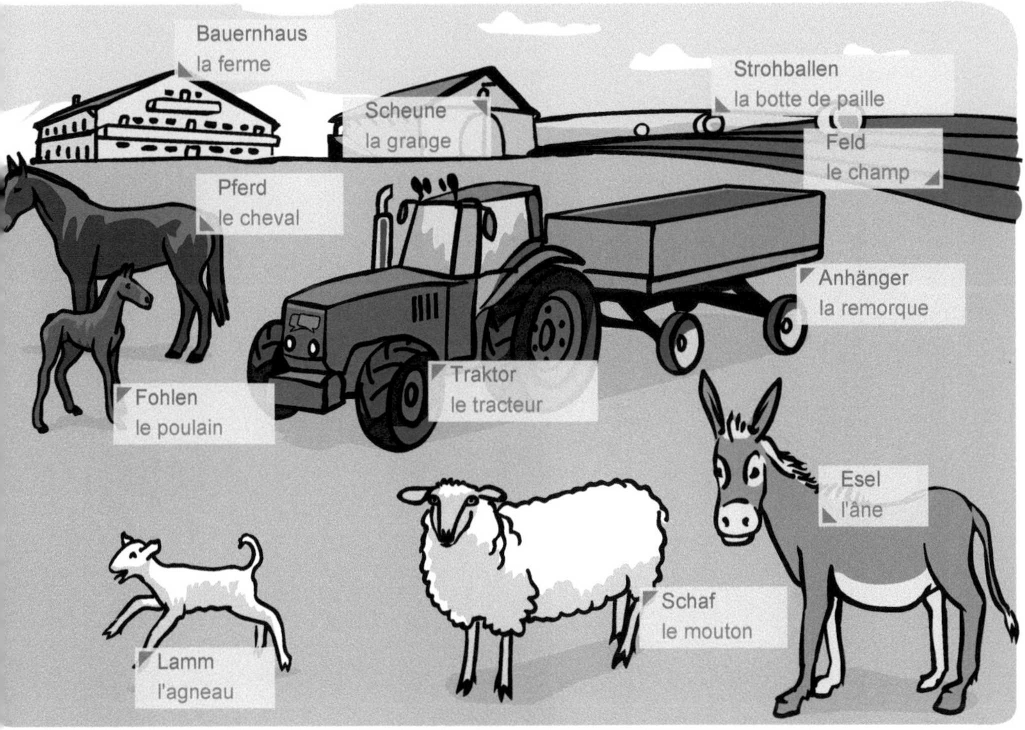
Bauernhaus
la ferme
Scheune
la grange
Strohballen
la botte de paille
Feld
le champ
Pferd
le cheval
Anhänger
la remorque
Traktor
le tracteur
Fohlen
le poulain
Esel
l'âne
Schaf
le mouton
Lamm
l'agneau

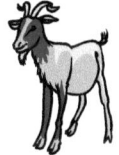

Ziege

la chèvre

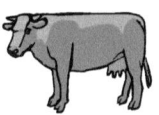

Kuh

la vache

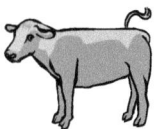

Kalb

le veau

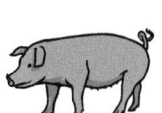

Schwein

le porc

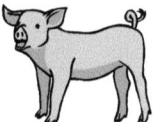

Ferkel

le porcelet

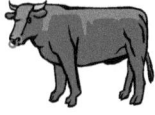

Bulle

le taureau

Gans

l'oie

Ente

le canard

Küken

le poussin

Huhn

la poule

Hahn

le coq

Ratte

le rat

Katze

le chat

Maus

la souris

Ochse

le bœuf

Hund

le chien

Hundehütte

le chenil

Gartenschlauch

le tuyau de jardin

Gießkanne

l'arrosoir

Sense

la faucheuse

Pflug

la charrue

Sichel

la faucille

Hacke

la pioche

Mistgabel

la fourche

Axt

la hache

Schubkarre

la brouette

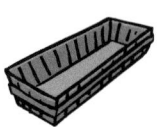

Trog

la cuve

Milchkanne

le pot à lait

Sack

le sac

Zaun

la clôture

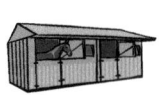

Stall

l'étable

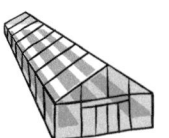

Treibhaus

le serre

Boden

le sol

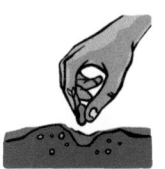

Saat

les semences

Dünger

l'engrais

Mähdrescher

la moissonneuse-batteuse

ernten

récolter

Ernte

la récolte

Yamswurzel

l'igname

Weizen

le blé

Soja

le soja

Kartoffel

la pomme de terre

Mais

le maïs

Raps

le colza

Obstbaum

l'arbre fruitier

Maniok

le manioc

Getreide

les céréales

Haus
la maison

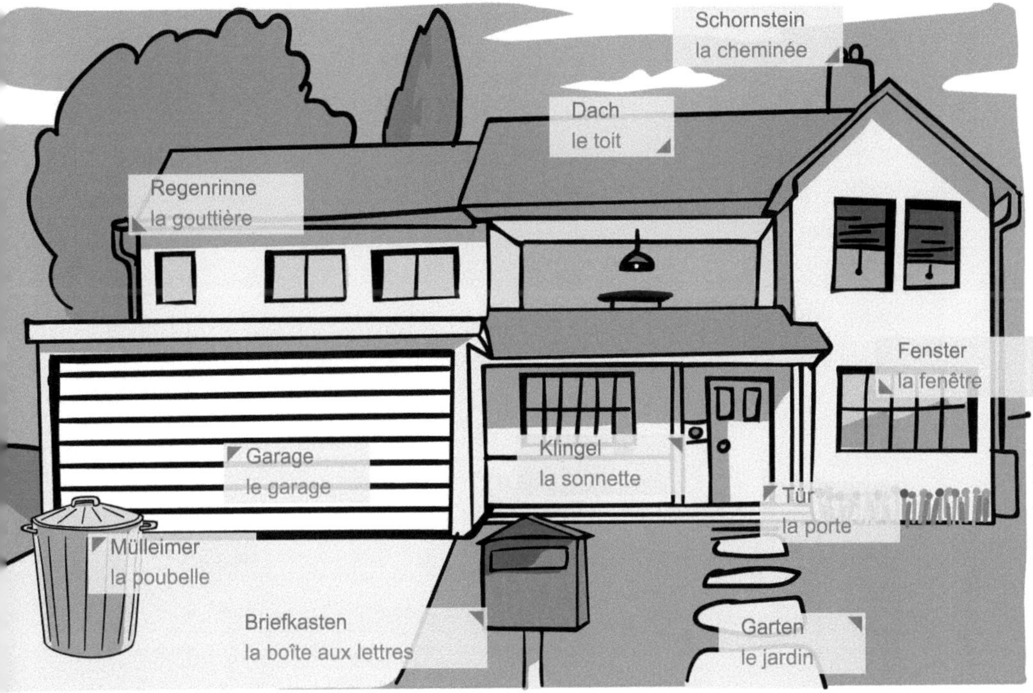
Schornstein
la cheminée
Dach
le toit
Regenrinne
la gouttière
Fenster
la fenêtre
Garage
le garage
Klingel
la sonnette
Tür
la porte
Mülleimer
la poubelle
Briefkasten
la boîte aux lettres
Garten
le jardin

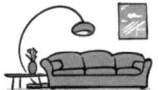

Wohnzimmer

le salon

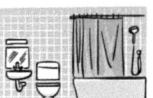

Badezimmer

la salle de bain

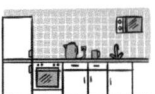

Küche

la cuisine

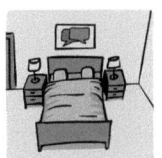

Schlafzimmer

la chambre à coucher

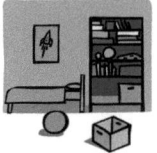

Kinderzimmer

la chambre d'enfant

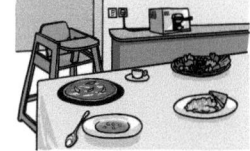

Esszimmer

la salle à manger

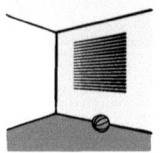

Boden

le sol

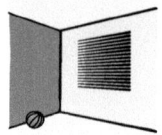

Wand

le mur

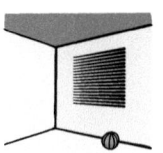

Decke

le plafond

Keller

la cave

Sauna

le sauna

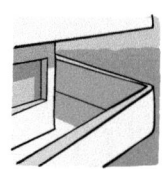

Balkon

le balcon

Terrasse

la terrasse

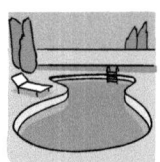

Schwimmbad

la piscine

Rasenmäher

la tondeuse à gazon

Bettbezug

la housse

Bettdecke

la couette

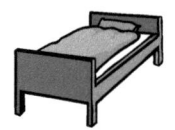

Bett

le lit

Besen

le balai

Eimer

le sceau

Schalter

l'interrupteur

Wohnzimmer
le salon

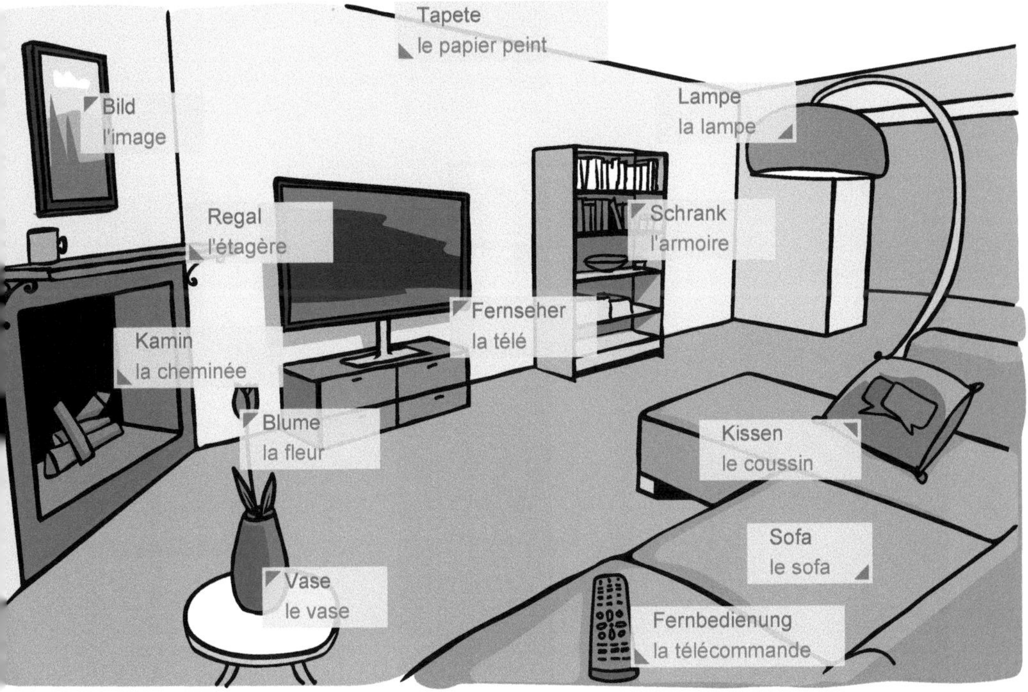

Tapete
le papier peint
Bild
l'image
Lampe
la lampe
Regal
l'étagère
Schrank
l'armoire
Fernseher
la télé
Kamin
la cheminée
Blume
la fleur
Kissen
le coussin
Sofa
le sofa
Vase
le vase
Fernbedienung
la télécommande

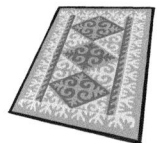

Teppich

le tapis

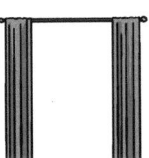

Vorhang

le rideau

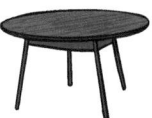

Tisch

la table

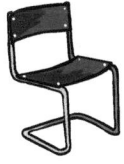

Stuhl

la chaise

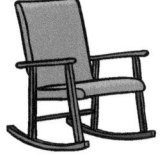

Schaukelstuhl

la chaise à bascule

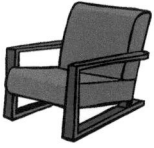

Sessel

le fauteuil

Buch

le livre

Decke

la couverture

Dekoration

la décoration

Feuerholz

le bois de chauffage

Film

le film

Stereoanlage

la chaîne hi-fi

Schlüssel

la clé

Zeitung

le journal

Gemälde

la peinture

Poster

le poster

Radio

la radio

Notizblock

le bloc-notes

Staubsauger

l'aspirateur

Kaktus

le cactus

Kerze

la bougie

Küche
la cuisine

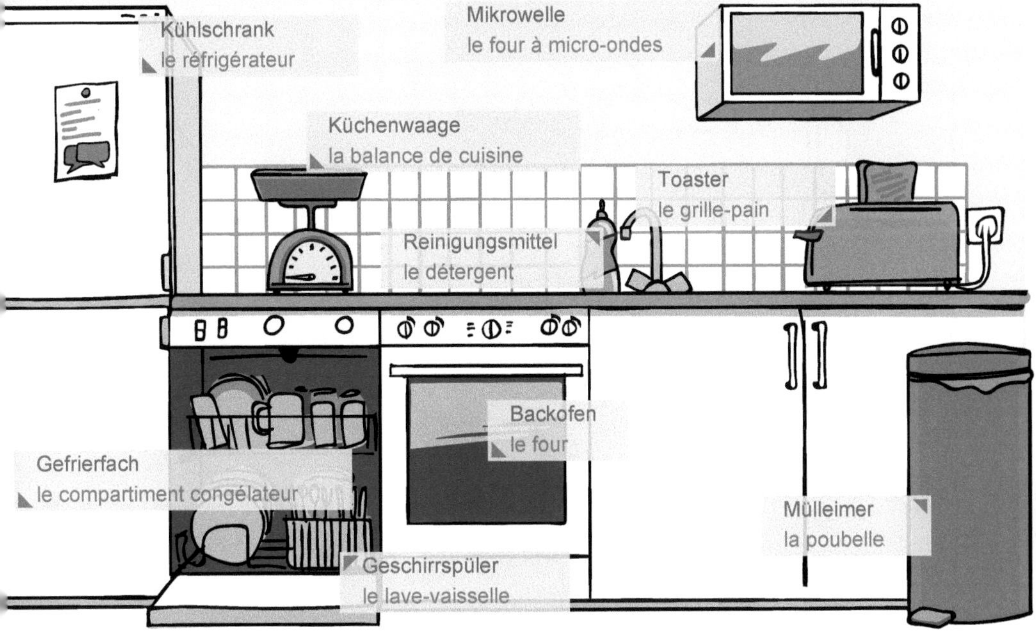

Kühlschrank
le réfrigérateur
Mikrowelle
le four à micro-ondes
Küchenwaage
la balance de cuisine
Toaster
le grille-pain
Reinigungsmittel
le détergent
Backofen
le four
Gefrierfach
le compartiment congélateur
Mülleimer
la poubelle
Geschirrspüler
le lave-vaisselle

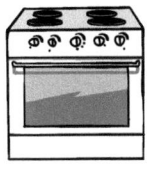

Herd

le four

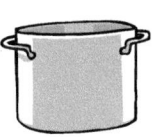

Topf

la casserole

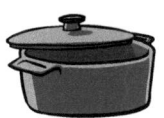

Eisentopf

la marmite

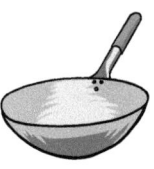

Wok / Kadai

le wok / kadai

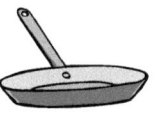

Pfanne

la poêle

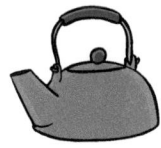

Wasserkocher

la bouilloire electrique

Dampfgarer

le cuiseur vapeur

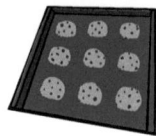

Backblech

la plaque de cuisson

Geschirr

la vaisselle

Becher

le gobelet

Schale

la coupe

Essstäbchen

les baguettes

Suppenkelle

la louche

Pfannenwender

la spatule

Schneebesen

le fouet

Kochsieb

la passoire

Sieb

le tamis

Reibe

la râpe

Mörser

le mortier

Grill

le barbecue

Feuerstelle

la cheminée

Schneidebrett

la planche à découper

Nudelholz

le rouleau à pâtisserie

Korkenzieher

le tire-bouchon

Dose

la boîte

Dosenöffner

l'ouvre-boîte

Topflappen

les maniques

Waschbecken

le lavabo

Bürste

la brosse

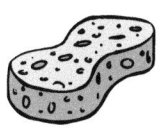

Schwamm

l'éponge

Mixer

le mixeur

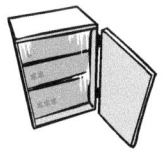

Gefriertruhe

le congélateur

Babyflasche

le biberon

Wasserhahn

le robinet

Küche - la cuisine

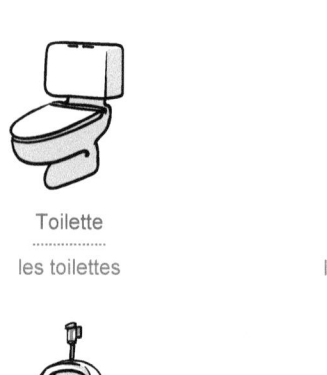

Badezimmer
la salle de bain

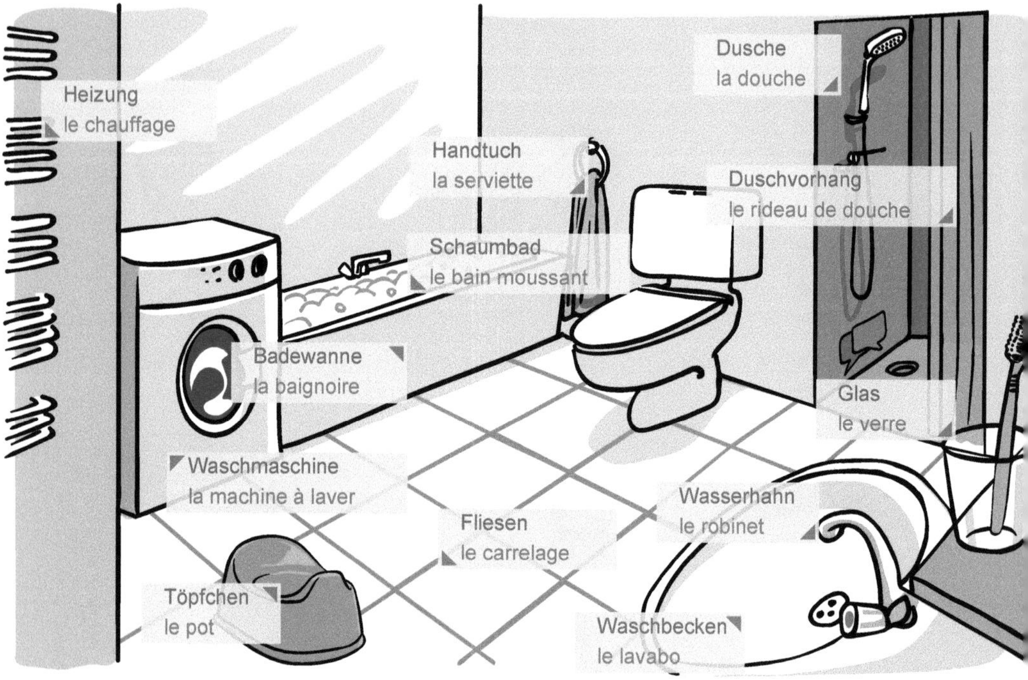
Dusche
la douche
Heizung
le chauffage
Handtuch
la serviette
Duschvorhang
le rideau de douche
Schaumbad
le bain moussant
Badewanne
la baignoire
Glas
le verre
Waschmaschine
la machine à laver
Wasserhahn
le robinet
Fliesen
le carrelage
Töpfchen
le pot
Waschbecken
le lavabo

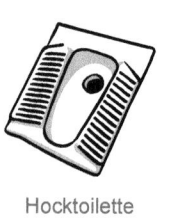

Toilette

les toilettes

Hocktoilette

la toilette à la turque

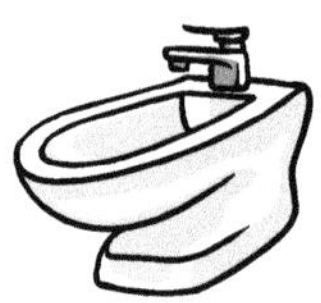

Bidet

le bidet

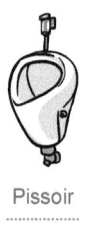

Pissoir

l'urinoir

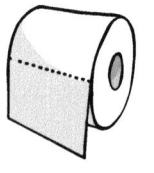

Toilettenpapier

le papier toilette

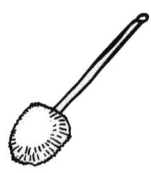

Toilettenbürste

la brosse à toilette

Zahnbürste

la brosse à dents

Zahnpasta

le dentifrice

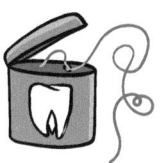

Zahnseide

le fil dentaire

waschen

laver

Handbrause

la douche manuelle

Intimdusche

la douche intime

Waschschüssel

la vasque

Rückenbürste

la brosse dorsale

Seife

le savon

Duschgel

le gel douche

Shampoo

le shampooing

Waschlappen

le gant de toilette

Abfluss

l'écoulement

Creme

la crème

Deodorant

le déodorant

Spiegel

le miroir

Kosmetikspiegel

le miroir cosmétique

Rasierer

le rasoir

Rasierschaum

la mousse à raser

Rasierwasser

l'après-rasage

Kamm

la peigne

Bürste

la brosse

Föhn

le sèche-cheveux

Haarspray

la laque pour cheveux

Makeup

le fond de teint

Lippenstift

le rouge à lèvres

Nagellack

le vernis à ongles

Watte

l'ouate

Nagelschere

le coupe-ongles

Parfum

le parfum

Kulturbeutel

la trousse de toilette

Hocker

le tabouret

Waage

le pèse-personne

Bademantel

le peignoir

Gummihandschuhe

les gants de nettoyage

Tampon

le tampon

Damenbinde

les serviettes hygiéniques

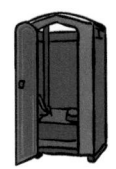

Chemietoilette

la toilette chimique

Kinderzimmer
la chambre d'enfant

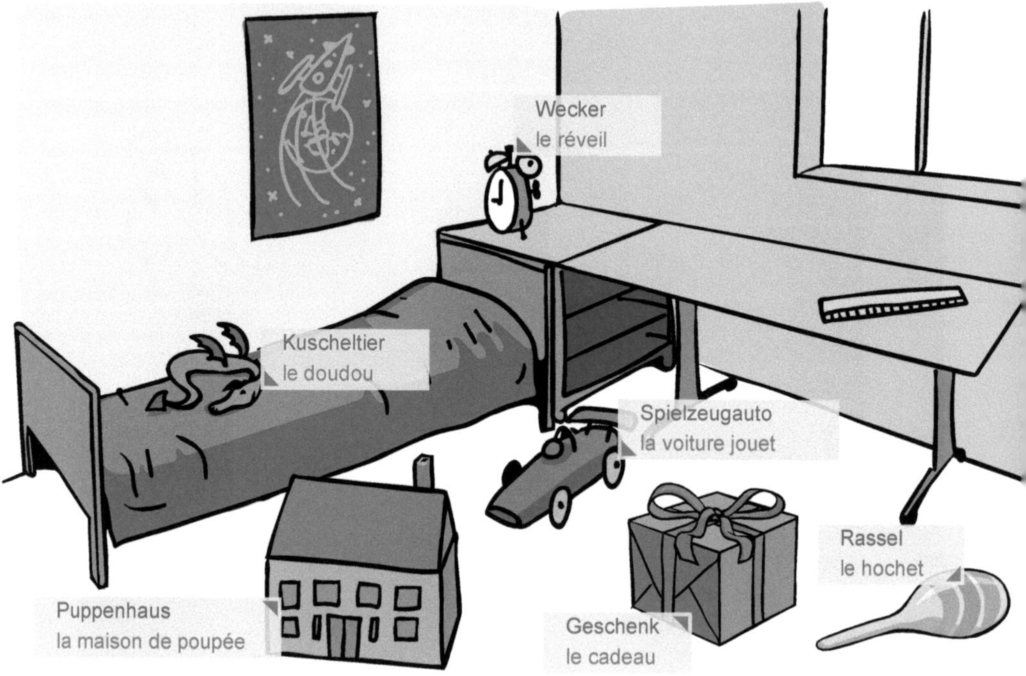

Wecker
le réveil
Kuscheltier
le doudou
Spielzeugauto
la voiture jouet
Rassel
le hochet
Puppenhaus
la maison de poupée
Geschenk
le cadeau

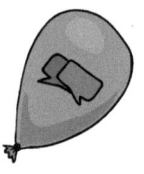

Ballon

le ballon

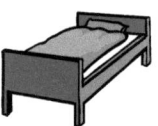

Bett

le lit

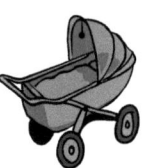

Kinderwagen

la poussette

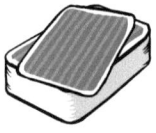

Kartenspiel

le jeu de cartes

Puzzle

le puzzle

SUPER MEGA

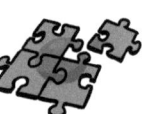

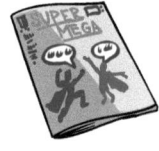

Comic

la bande dessinée

Legosteine
les pièces lego

Bausteine
les blocs de construction

Action Figur
la figurine

Strampelanzug
la grenouillère

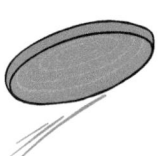

Frisbee
le frisbee

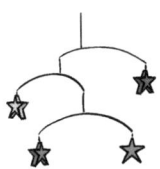

Mobile
le mobile

Brettspiel
le jeu de société

Würfel
le dé

Modelleisenbahn
le train miniature

Schnuller
la sucette

Party
la fête

Bilderbuch
le livre d'images

Ball
la balle

Puppe
la poupée

spielen
jouer

Sandkasten
le bac à sable

Schaukel
la balançoire

Spielzeug
les jouets

Spielkonsole
la console de jeu

Dreirad
le tricycle

Teddy
l'ours en peluche

Kleiderschrank
l'armoire

Kleidung
les vêtements

Socken
les chaussettes

Strümpfe
les bas

Strumpfhose
le collant

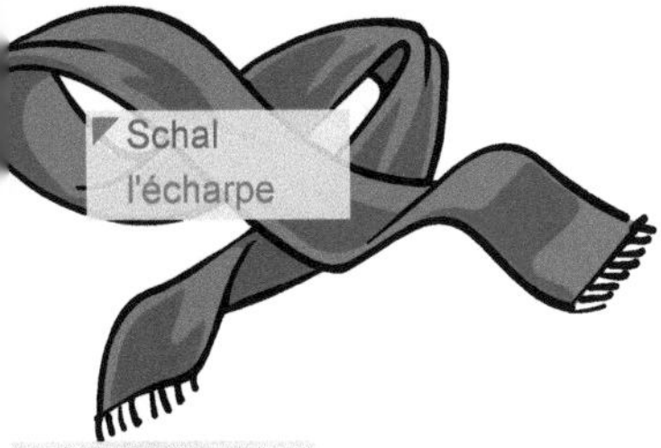

Schal
l'écharpe

Regenschirm
le parapluie

T-Shirt
le t-shirt

Gürtel
la ceinture

Stiefel
les bottes

Hausschuhe
les pantoufles

Turnschuhe
les baskets

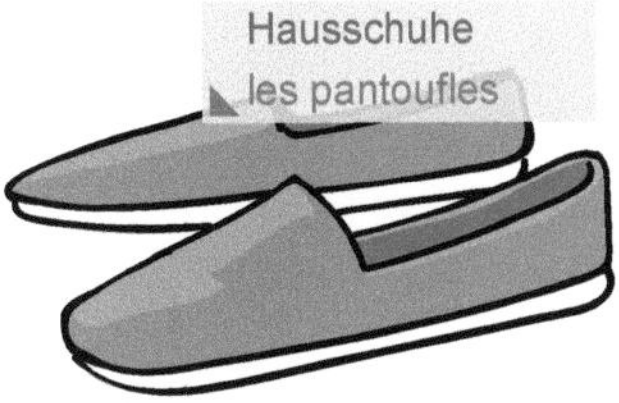

Sandalen
les sandales

Schuhe
les chaussures

Gummistiefel
les bottes de caoutchouc

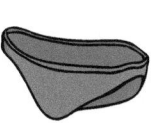
Unterhose
les sous-vêtements

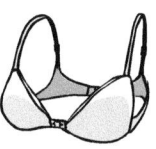
Büstenhalter
le soutien-gorge

Unterhemd
le maillot de corps

Body

le body

Hose

le pantalon

Jeans

le jean

Rock

la jupe

Bluse

le chemisier

Hemd

la chemise

Pullover

le pull

Kapuzenpullover

le sweat à capuche

Blazer

la veste

Jacke

la veste

Mantel

le manteau

Regenmantel

l'imperméable

Kostüm

le costume

Kleid

la robe

Hochzeitskleid

la robe de mariée

Anzug

le costume

Nachthemd

la chemise de nuit

Schlafanzug

le pyjama

Sari

le sari

Kopftuch

le foulard

Turban

le turban

Burka

la burqa

Kaftan

le caftan

Abaya

l'abaya

Badeanzug

le maillot de bain

Badehose

le maillot de bain

Kurze Hose

le short

Trainingsanzug

la tenue d'entraînement

Schürze

le tablier

Handschuhe

les gants

Knopf

le bouton

Brille

les lunettes

Armband

le bracelet

Halskette

le collier

Ring

la bague

Ohrring

la boucle d'oreille

Mütze

le bonnet

Kleiderbügel

le cintre

Hut

le chapeau

Krawatte

la cravate

Reißverschluss

la fermeture éclair

Helm

le casque

Hosenträger

les bretelles

Schuluniform

l'uniforme scolaire

Uniform

l'uniforme

Lätzchen

le bavoir

Schnuller

la sucette

Windel

la lange

Büro

le bureau

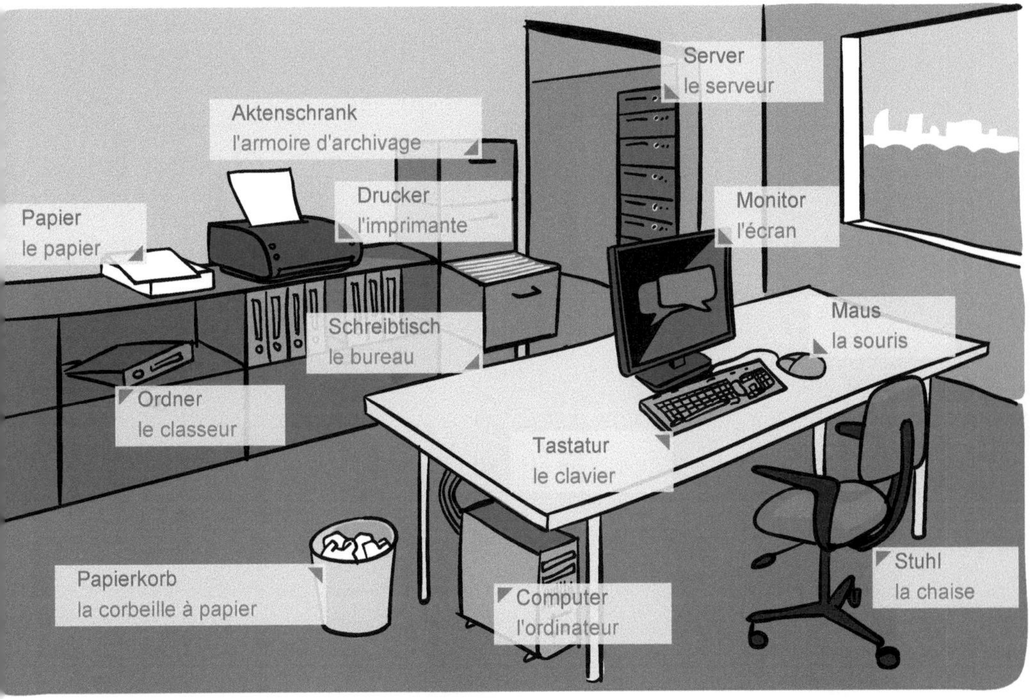

Server
le serveur

Aktenschrank
l'armoire d'archivage

Drucker
l'imprimante

Papier
le papier

Monitor
l'écran

Schreibtisch
le bureau

Maus
la souris

Ordner
le classeur

Tastatur
le clavier

Papierkorb
la corbeille à papier

Stuhl
la chaise

Computer
l'ordinateur

Kaffeebecher

la tasse de café

Taschenrechner

la calculatrice

Internet

l'internet

Laptop

l'ordinateur portable

Brief

la lettre

Nachricht

le message

Handy

le portable

Netzwerk

le réseau

Kopierer

la photocopieuse

Software

le logiciel

Telefon

le téléphone

Steckdose

la prise

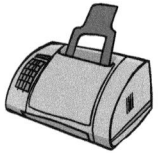

Fax

le fax

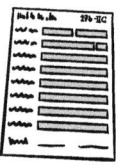

Formular

le formulaire

Dokument

le document

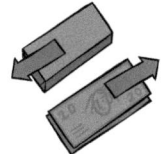

kaufen

acheter

bezahlen

payer

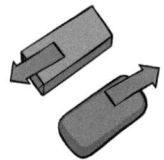

handeln

faire du commerce

Geld

la monnaie

Dollar

le dollar

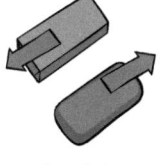

Euro

l'euro

Yen

le yen

Rubel

le rouble

Franken

le franc suisse

Renminbi Yuan

le renminbi yuan

Rupie

la roupie

Geldautomat

le distributeur automatique

Wechselstube

le bureau de change

Gold

l'or

Silber

l'argent

Öl

le pétrole

Energie

l'énergie

Preis

le prix

Vertrag

le contrat

Steuer

la taxe

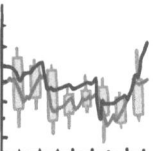

Aktie

l'action

arbeiten

travailler

Angestellter

l'employé

Arbeitgeber

l'employeur

Fabrik

l'usine

Geschäft

le magasin

Berufe

les professions

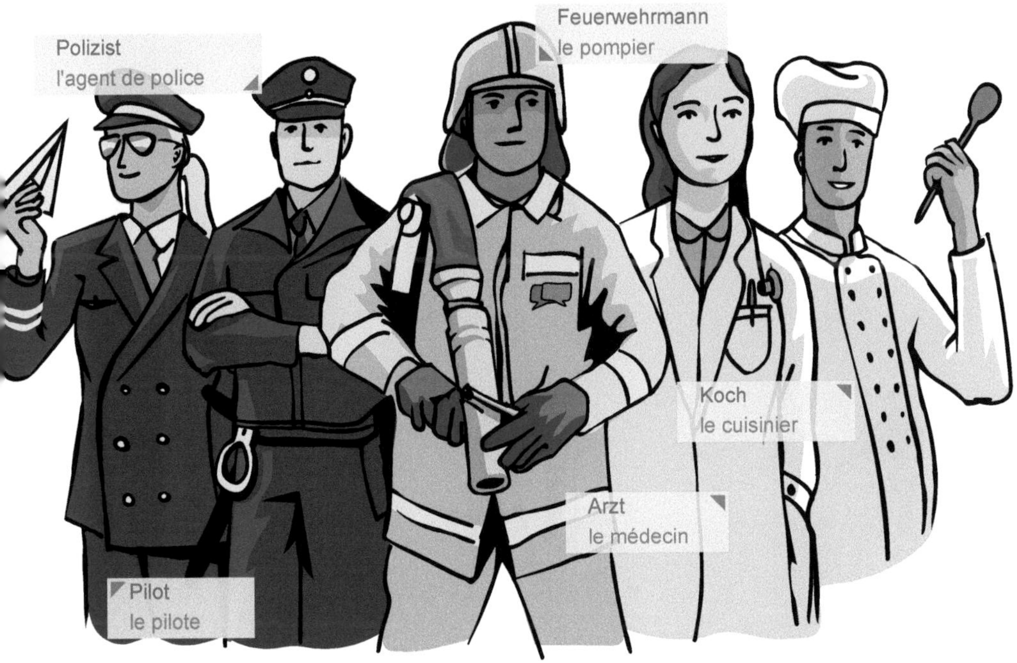
Polizist
l'agent de police
Feuerwehrmann
le pompier
Koch
le cuisinier
Arzt
le médecin
Pilot
le pilote

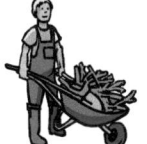

Gärtner

le jardinier

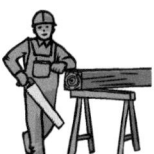

Tischler

le menuisier

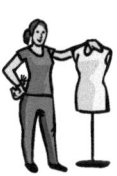

Näherin

la couturière

Richter

le juge

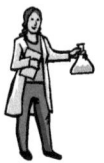

Chemiker

le chimiste

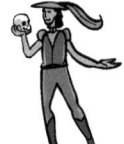

Schauspieler

l'acteur

Busfahrer

le conducteur de bus

Taxifahrer

le chauffeur de taxi

Fischer

le pêcheur

Putzfrau

la femme de ménage

Dachdecker

le couvreur

Kellner

le serveur

Jäger

le chasseur

Maler

le peintre

Bäcker

le boulanger

Elektriker

l'électricien

Bauarbeiter

l'ouvrier

Ingenieur

l'ingénieur

Schlachter

le boucher

Klempner

le plombier

Postbote

le facteur

Soldat

le soldat

Architekt

l'architecte

Kassierer

le caissier

Florist

le fleuriste

Friseur

le coiffeur

Schaffner

le contrôleur

Mechaniker

le mécanicien

Kapitän

le capitaine

Zahnarzt

le dentiste

Wissenschaftler

le scientifique

Rabbi

le rabbin

Imam

l'imam

Mönch

le moine

Geistlicher

le prêtre

Werkzeuge

les outils

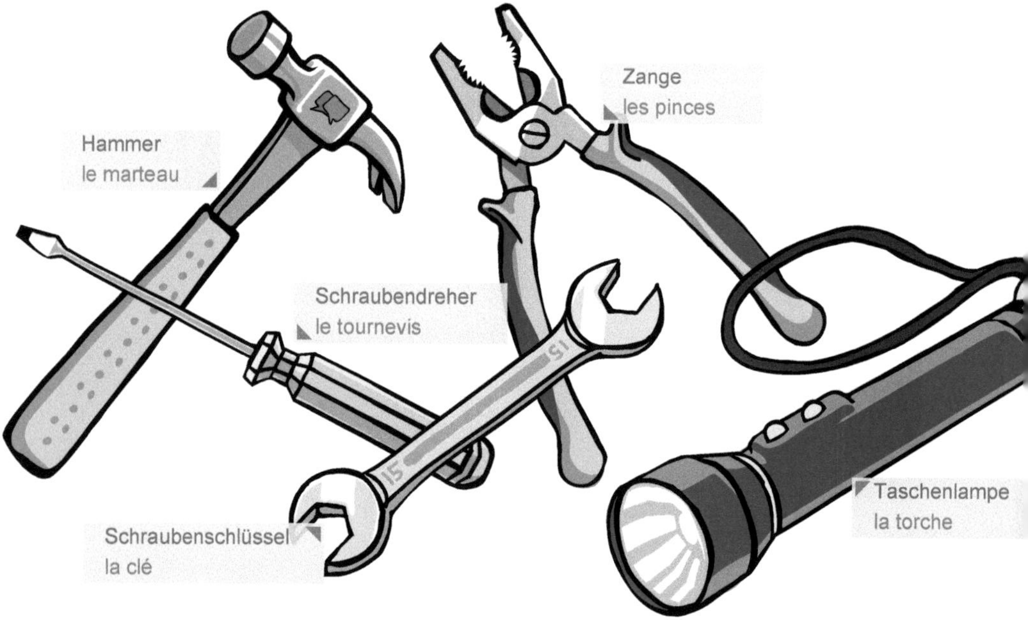

Hammer
le marteau
Zange
les pinces
Schraubendreher
le tournevis
Schraubenschlüssel
la clé
Taschenlampe
la torche

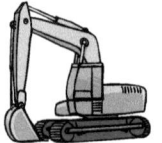

Bagger

la pelleteuse

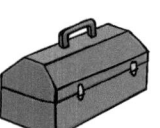

Werkzeugkasten

la boîte à outils

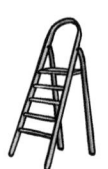

Leiter

l'échelle

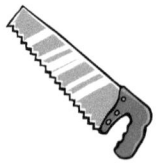

Säge

la scie

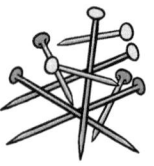

Nägel

les clous

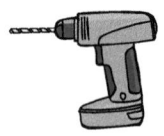

Bohrer

la perceuse

reparieren

réparer

Schaufel

la pelle

Mist!

Mince !

Kehrblech

la pelle

Farbtopf

le pot de peinture

Schrauben

les vis

Musikinstrumente

les instruments de musique

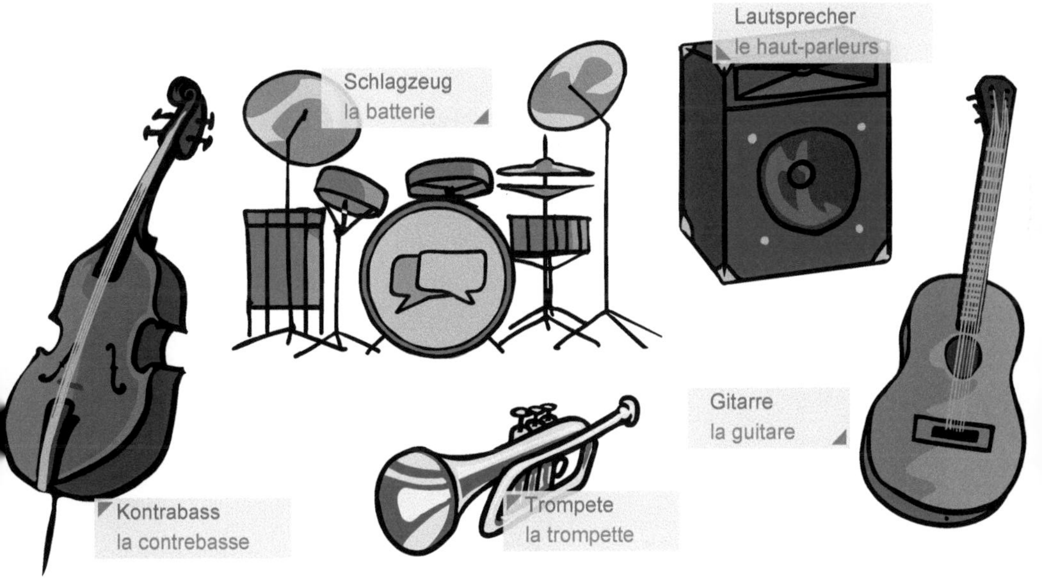

Schlagzeug
la batterie

Lautsprecher
le haut-parleurs

Gitarre
la guitare

Kontrabass
la contrebasse

Trompete
la trompette

Klavier

le piano

Violine

le violon

Bass

la basse

Pauke

les timbales

Trommeln

le tambour

Keyboard

le piano électrique

Saxophon

le saxophone

Flöte

la flûte

Mikrofon

le microphone

Zoo
le zoo

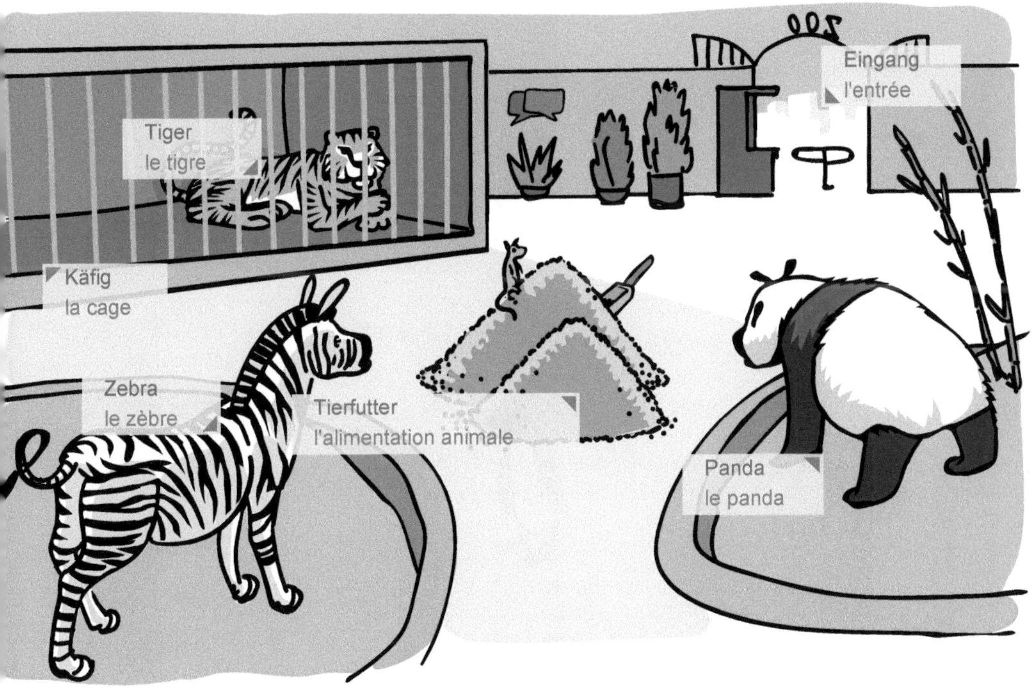
ZOO
Eingang
l'entrée
Tiger
le tigre
Käfig
la cage
Zebra
le zèbre
Tierfutter
l'alimentation animale
Panda
le panda

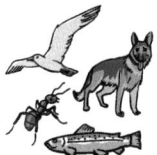

Tiere
les animaux

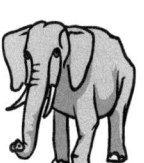

Elefant
l'éléphant

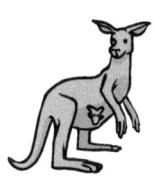

Känguru
le kangourou

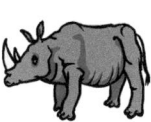

Nashorn
le rhinocéros

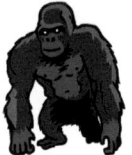

Gorilla
le gorille

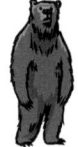

Bär
l'ours

Kamel
le chameau

Strauß
l'autruche

Löwe
le lion

Affe
le singe

Flamingo
le flamand rose

Papagei
le perroquet

Eisbär
l'ours polaire

Pinguin
le pingouin

Hai
le requin

Pfau
le paon

Schlange
le serpent

Krokodil
le crocodile

Zoowärter
le gardien de zoo

Robbe
le phoque

Jaguar
le jaguar

Pony

le poney

Leopard

le léopard

Nilpferd

l'hippopotame

Giraffe

la girafe

Adler

l'aigle

Wildschwein

le sanglier

Fisch

le poisson

Schildkröte

la tortue

Walross

le morse

Fuchs

le renard

Gazelle

la gazelle

American Football
l'american Football

Radfahren
le cyclisme

Tennis
le tennis

Basketball
le basket-ball

Schwimmen
la natation

Boxen
la boxe

Eishockey
le hockey sur glace

Fußball
le football

Badminton
le badminton

Leichtathletik
l'athlétisme

Handball
le handball

Skilaufen
le ski

Polo
le polo

Aktivitäten
les activités

springen
sauter
umarmen
embrasser
lachen
rire
gehen
marcher
singen
chanter
träumen
rêver
beten
prier
küssen
faire la bise

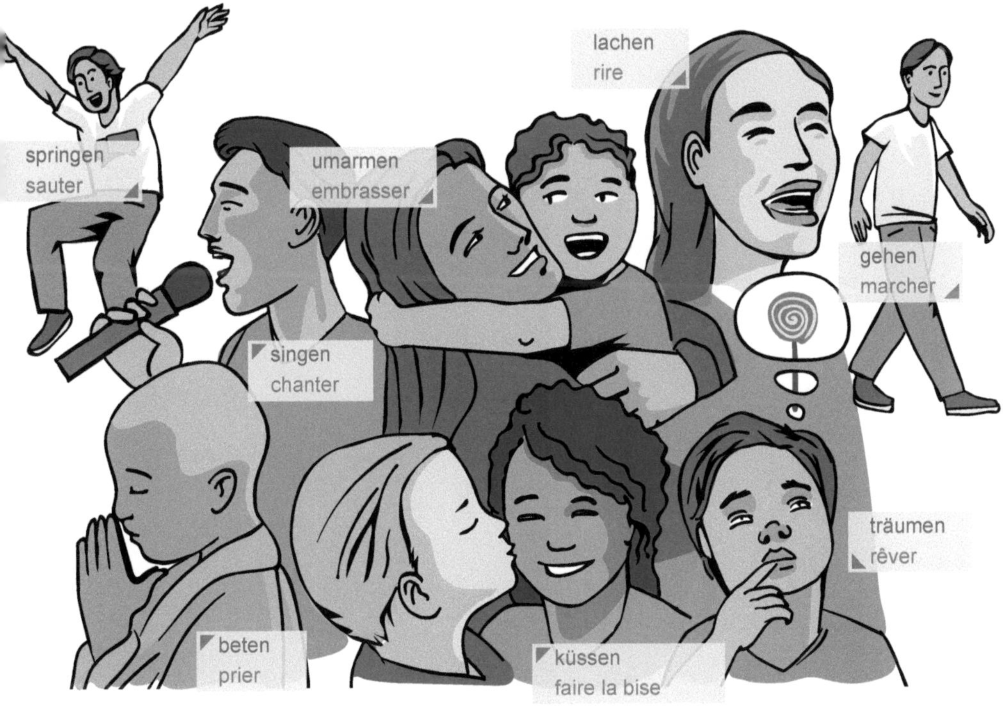

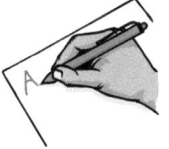

schreiben

écrire

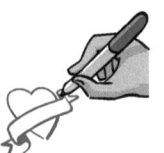

zeichnen

dessiner

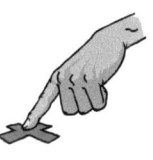

zeigen

montrer

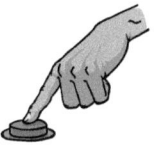

drücken

pousser

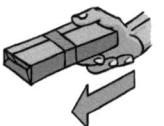

geben

donner

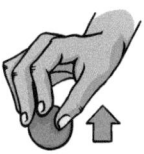

nehmen

prendre

haben

avoir

tun

faire

sein

être

stehen

être debout

laufen

courir

ziehen

trier

werfen

jeter

fallen

tomber

liegen

être couché

warten

attendre

tragen

porter

sitzen

être assis

anziehen

s'habiller

schlafen

dormir

aufwachen

se réveiller

ansehen

regarder

weinen

pleurer

streicheln

caresser

kämmen

peigner

reden

parler

verstehen

comprendre

fragen

demander

hören

écouter

trinken

boire

essen

manger

aufräumen

ranger

lieben

aimer

kochen

cuire

fahren

conduire

fliegen

voler

segeln

faire de la voile

rechnen

calculer

lesen

lire

lernen

apprendre

arbeiten

travailler

heiraten

se marier

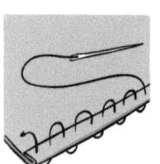

nähen

coudre

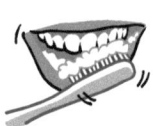

Zähne putzen

brosser les dents

töten

tuer

rauchen

fumer

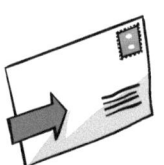

senden

envoyer

Familie
la famille

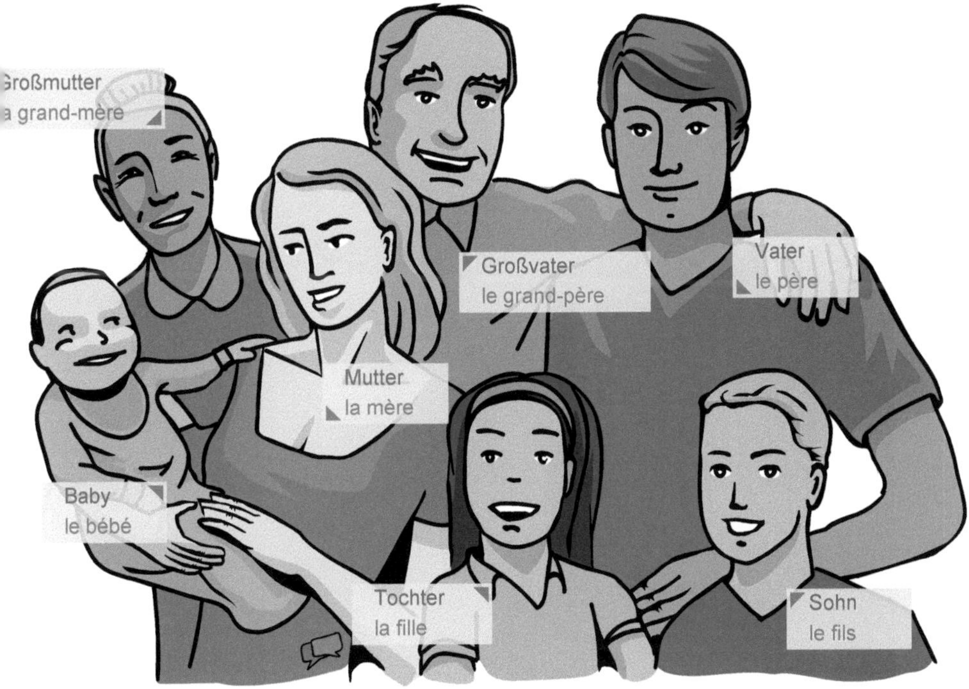

Großmutter
la grand-mère
Großvater
le grand-père
Vater
le père
Mutter
la mère
Baby
le bébé
Tochter
la fille
Sohn
le fils

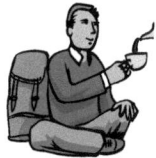

Gast

l'hôte

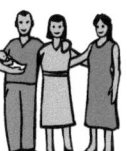

Tante

la tante

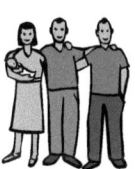

Onkel

l'oncle

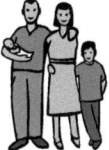

Bruder

le frère

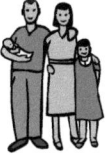

Schwester

la sœur

Körper
le corps

Stirn
le front
Auge
l'œil
Gesicht
le visage
Kinn
le menton
Brust
la poitrine
Finger
le doigt
Hand
la main
Arm
le bras
Schulter
l'épaule
Bein
la jambe

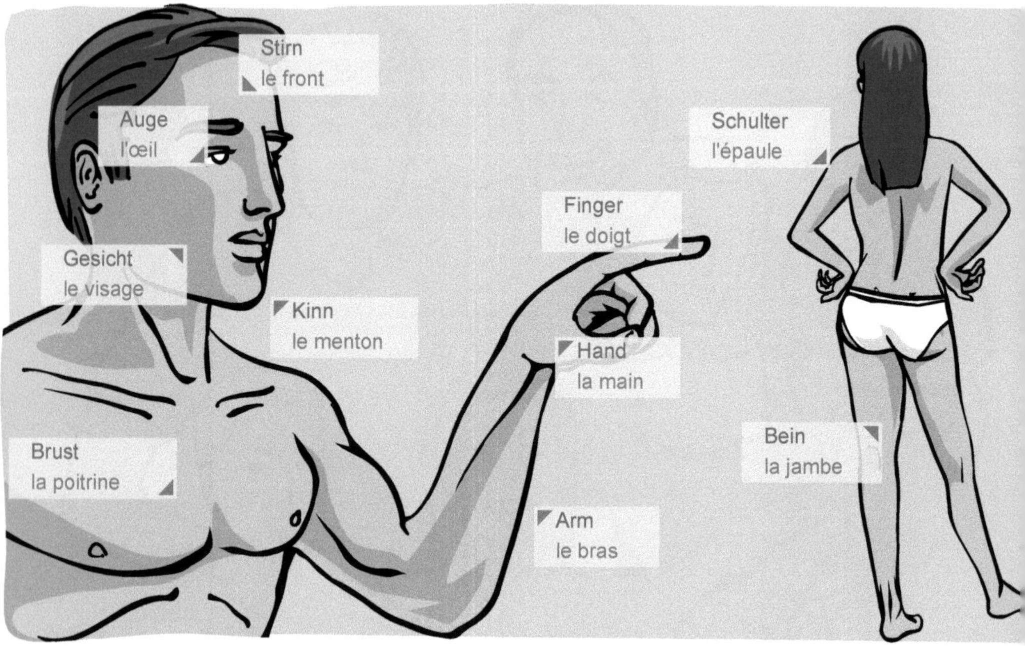

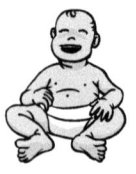

Baby
le bébé

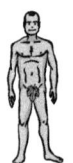

Mann
l'homme

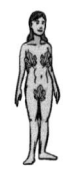

Frau
la femme

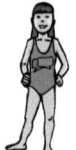

Mädchen
la fille

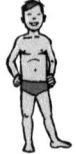

Junge
le garçon

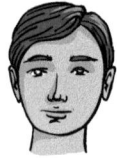

Kopf
la tête

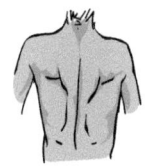

Rücken

le dos

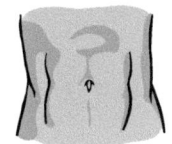

Bauch

le ventre

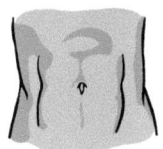

Nabel

le nombril

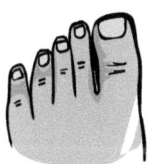

Zeh

l'orteil

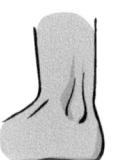

Ferse

le talon

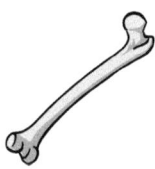

Knochen

l'os

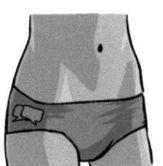

Hüfte

la hanche

Knie

le genou

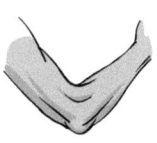

Ellenbogen

le coude

Nase

le nez

Gesäß

les fesses

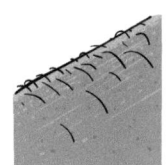

Haut

la peau

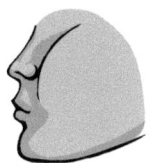

Wange

la joue

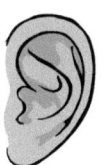

Ohr

l'oreille

Lippe

la lèvre

Mund

la bouche

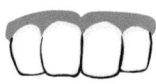

Zahn

la dent

Zunge

la langue

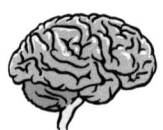

Gehirn

le cerveau

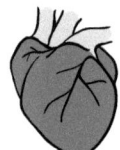

Herz

le cœur

Muskel

le muscle

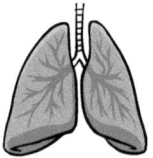

Lunge

les poumons

Leber

le foie

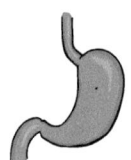

Magen

l'estomac

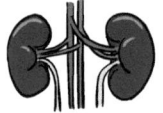

Nieren

les reins

Geschlechtsverkehr

le rapport sexuel

Kondom

le préservatif

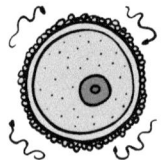

Eizelle

l'ovule

Sperma

le sperme

Schwangerschaft

la grossesse

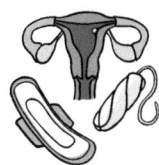

Menstruation
....
la menstruation

Vagina
....
le vagin

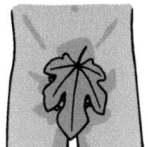

Penis
....
le pénis

Augenbraue
....
le sourcil

Haar
....
les cheveux

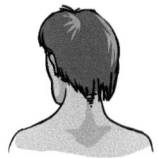

Hals
....
le cou

Krankenhaus
l'hôpital

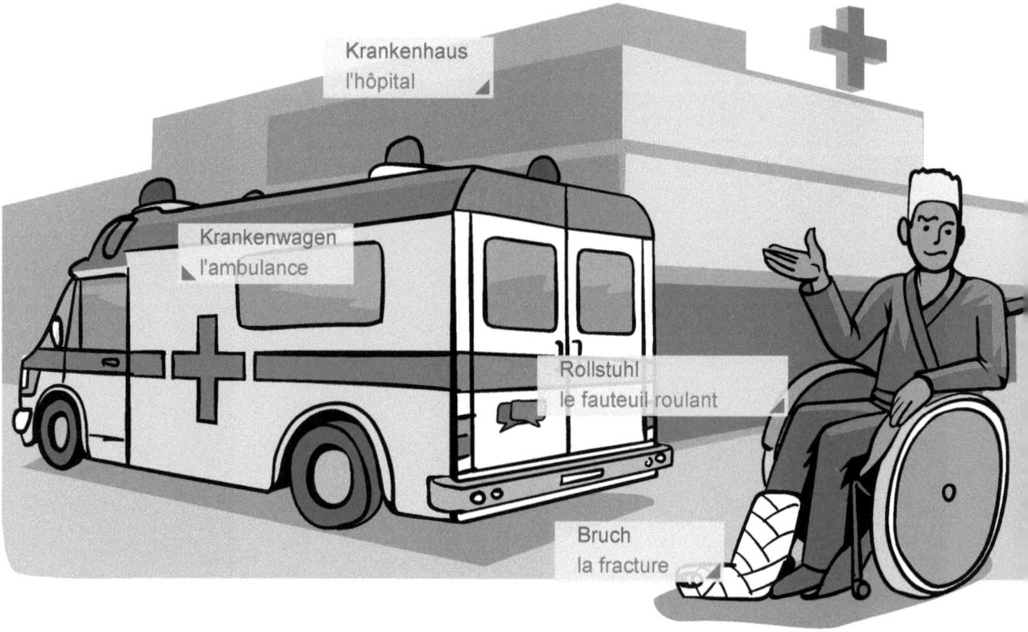

Krankenhaus
l'hôpital
Krankenwagen
l'ambulance
Rollstuhl
le fauteuil roulant
Bruch
la fracture

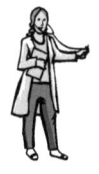

Arzt
le médecin

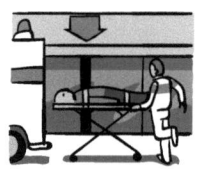

Notaufnahme
le service des urgences

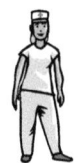

Krankenschwester
l'infirmière

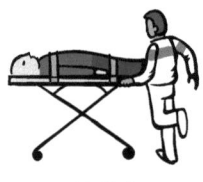

Notfall
l'urgence

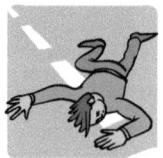

ohnmächtig
inconscient

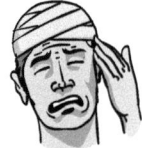

Schmerz
la douleur

Verletzung

la blessure

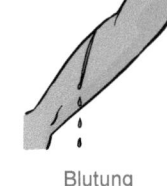

Blutung

l'hémorragie

Herzinfarkt

la crise cardiaque

Schlaganfall

l'attaque cérébrale

Allergie

l'allergie

Husten

la toux

Fieber

la fièvre

Grippe

la grippe

Durchfall

la diarrhée

Kopfschmerzen

le mal de tête

Krebs

le cancer

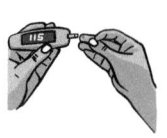

Diabetis

le diabète

Chirurg

le chirurgien

Skalpell

le scalpel

Operation

l'opération

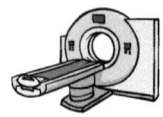

CT
le CT

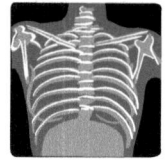

Röntgen
la radiographie

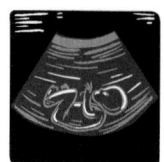

Ultraschall
l'échographie

Maske
le masque

Krankheit
la maladie

Wartezimmer
la salle d'attente

Krücke
la béquille

Pflaster
le pansement

Verband
le pansement

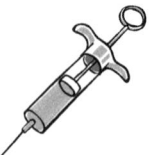

Injektion
l'injection

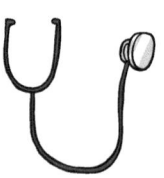

Stethoskop
le stéthoscope

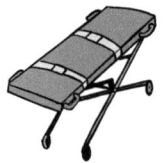

Trage
le brancard

Thermometer
le thermomètre

Geburt
l'accouchement

Übergewicht
la surcharge pondérale

Hörgerät

l'appareil auditif

Desinfektionsmittel

le désinfectant

Infektion

l'infection

Virus

le virus

HIV / AIDS

le VIH / le sida

Medizin

le médicament

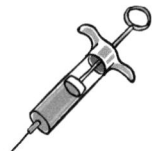

Impfung

la vaccination

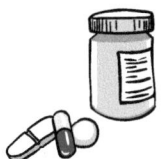

Tabletten

les comprimés

Pille

la pilule

Notruf

l'appel d'urgence

Blutdruck-Messgerät

le tensiomètre

krank / gesund

malade / sain

Hilfe!

Au secours !

Alarm

l'alarme

Überfall

l'assaut

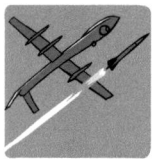

Angriff

l'attaque

Gefahr

le danger

Notausgang

la sortie de secours

Feuer!

Au feu!

Feuerlöscher

l'extincteur

Unfall

l'accident

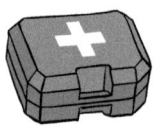

Erste-Hilfe-Koffer

la trousse de premier secours

SOS

SOS

Polizei

la police

Europa

l'Europe

Nordamerika

l'Amérique du Nord

Südamerika

l'Amérique du Sud

Afrika

l'Afrique

Asien

l'Asie

Australien

l'Australie

Atlantik

l'Océan atlantique

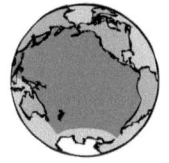

Pazifik

l'Océan pacifique

Indischer Ozean

l'Océan indien

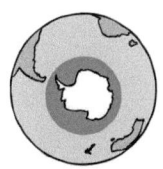

Antarktischer Ozean

l'Océan antarctique

Arktischer Ozean

l'Océan arctique

Nordpol

le Pôle nord

Südpol

le Pôle sud

Antarktis

l'Antarctique

Erde

la terre

Land

le pays

Meer

la mer

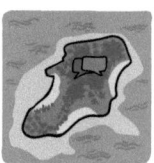

Insel

l'île

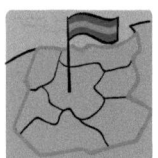

Nation

la nation

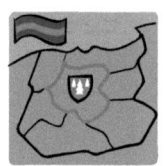

Staat

l'état

Zifferblatt

le cadran

Stundenzeiger

l'aiguille des heures

Minutenzeiger

l'aiguille des minutes

Sekundenzeiger

l'aiguille des secondes

Wie spät ist es?

Quelle heure est-il ?

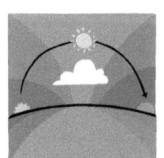

Tag

le jour

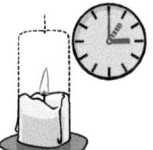

Zeit

le temps

jetzt

maintenant

Digitaluhr

la montre digitale

Minute

la minute

Stunde

l'heure

Woche
la semaine

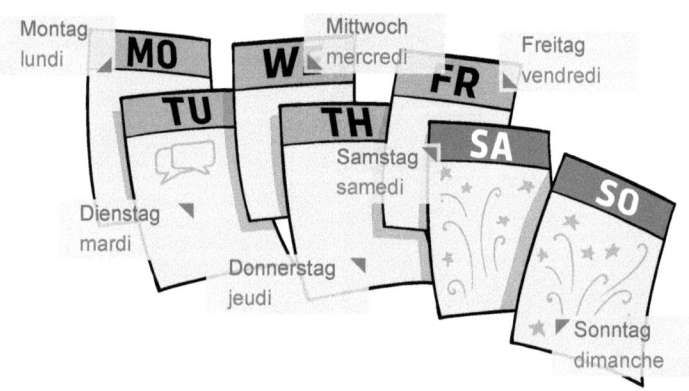

Montag
lundi

Mittwoch
mercredi

Freitag
vendredi

Dienstag
mardi

Donnerstag
jeudi

Samstag
samedi

Sonntag
dimanche

gestern

hier

heute

aujourd'hui

morgen

demain

Morgen

le matin

Mittag

le midi

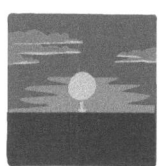

Abend

le soir

Arbeitstage

les jours ouvrables

Wochenende

le week-end

Jahr
l'année

Regen
la pluie
Regenbogen
l'arc-en-ciel
Schnee
la neige
Wind
le vent
Frühling
le printemps
Herbst
l'automne
Sommer
l'été
Winter
l'hiver

4.APRIL 11°
5.APRIL 4°
6.APRIL 13°
7.APRIL 8°
8.APRIL 10°

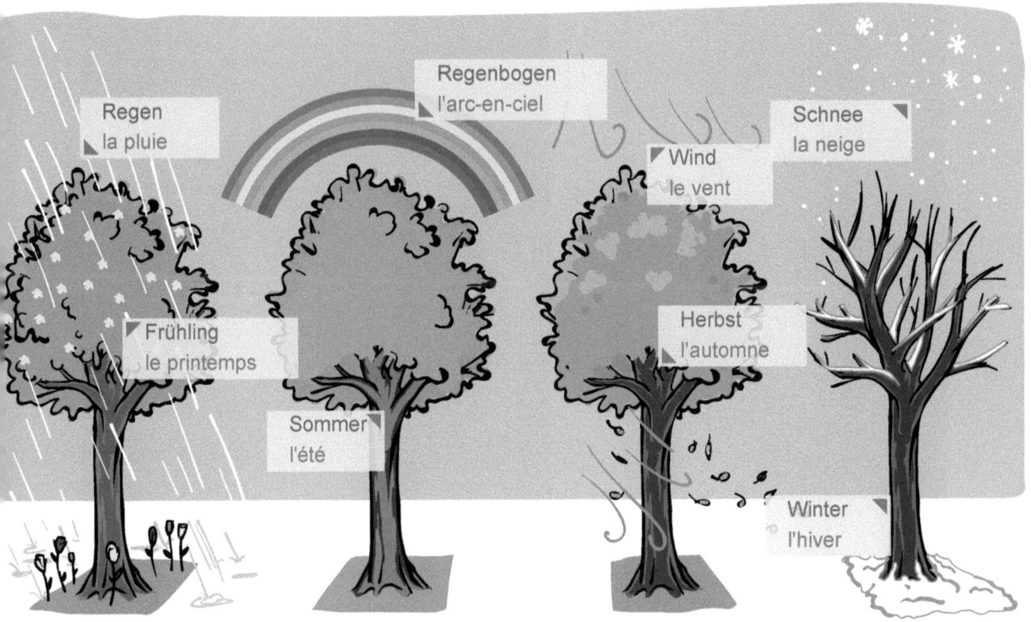

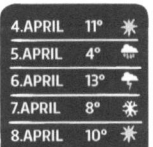

Wettervorhersage

la météo

F C
120 40
90 30
60 20
30 10
0 0
-30 -10
-20

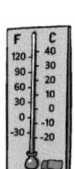

Thermometer

le thermomètre

Sonnenschein

la lumière du soleil

Wolke

le nuage

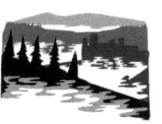

Nebel

le brouillard

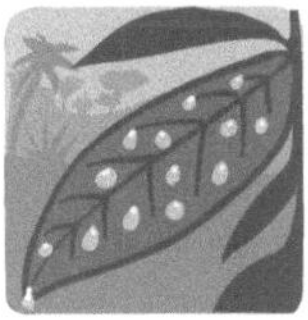

Luftfeuchtigkeit

l'humidité

Blitz

la foudre

Donner

la tonnerre

Sturm

la tempête

Hagel

la grêle

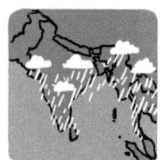

Monsun

la mousson

Flut

l'inondation

Eis

la glace

Januar

janvier

Februar

février

März

mars

April

avril

Mai

mai

Juni

juin

Juli

juillet

August

août

September
....
septembre

Oktober
....
octobre

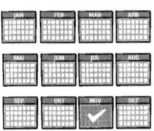

November
....
novembre

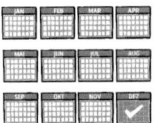

Dezember
....
décembre

Formen
les formes

Kreis
....
le cercle

Quadrat
....
le carré

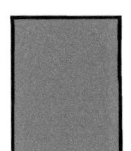

Rechteck
....
le rectangle

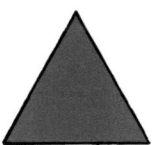

Dreieck
....
le triangle

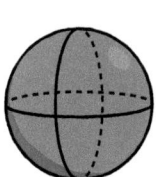

Kugel
....
la sphère

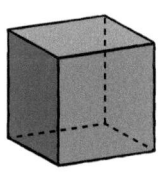

Würfel
....
le cube

Farben

les couleurs

weiß

blanc

gelb

jaune

orange

orange

pink

rose

rot

rouge

lila

violet

blau

bleu

grün

vert

braun

marron

grau

gris

schwarz

noir

viel / wenig

beaucoup / peu

wütend / friedlich

fâché / calme

hübsch / hässlich

joli / laid

Anfang / Ende

le début / la fin

groß / klein

grand / petit

hell / dunkel

clair / obscure

Bruder / Schwester

frère / soeur

sauber / schmutzig

propre / sale

vollständig / unvollständig

complet / incomplet

Tag / Nacht

le jour / la nuit

tot / lebendig

mort / vivant

breit / schmal

large / étroit

genießbar / ungenießbar

comestible / incomestible

böse / freundlich

méchant / gentil

aufgeregt / gelangweilt

excité / ennuyé

dick / dünn

gros / mince

zuerst / zuletzt

le premier / le dernier

Freund / Feind

l'ami / l'ennemi

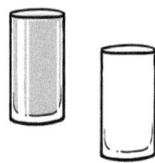

voll / leer

plein / vide

hart / weich

dur / souple

schwer / leicht

lourd / léger

Hunger / Durst

faim / soif

krank / gesund

malade / sain

illegal / legal

illégal / légal

intelligent / dumm

intelligent / stupide

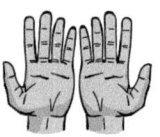

links / rechts

gauche / droite

nah / fern

proche / loin

neu / gebraucht

nouveau / usé

nichts / etwas

rien / quelque chose

alt / jung

vieux / jeune

an / aus

marche / arrêt

offen / geschlossen

ouvert / fermé

leise / laut

faible / fort

reich / arm

riche / pauvre

richtig / falsch

correct / incorrect

rau / glatt

rugueux / lisse

traurig / glücklich

triste / heureux

kurz / lang

court / long

langsam / schnell

lent / rapide

nass / trocken

mouillé / sec

warm / kühl

chaud / froid

Krieg / Frieden

la guerre / la paix

Zahlen

les nombres

0

null

zéro

1

eins

un / une

2

zwei

deux

3

drei

trois

4

vier

quatre

5

fünf

cinq

6

sechs

six

7

sieben

sept

8

acht

huit

9

neun

neuf

10

zehn

dix

11

elf

onze

12

zwölf

douze

13

dreizehn

treize

14

vierzehn

quatorze

15

fünfzehn

quinze

16

sechzehn

seize

17

siebzehn

dix-sept

18

achtzehn

dix-huit

19

neunzehn

dix-neuf

20

zwanzig

vingt

100

hundert

cent

1.000

tausend

mille

1.000.000

million

le million

Sprachen
les langues

Englisch

l'anglais

Amerikanisches Englisch

l'anglais américain

Chinesisch Mandarin

le chinois mandarin

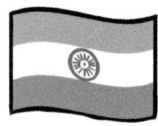

Hindi

le hindi

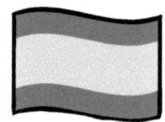

Spanisch

l'espagnol

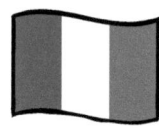

Französisch

le français

Arabisch

l'arabe

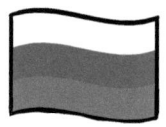

Russisch

le russe

Portugiesisch

le portugais

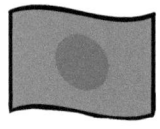

Bengalisch

le bengali

Deutsch

l'allemand

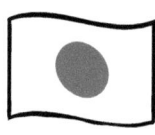

Japanisch

le japonais

ich

je

du

tu

er / sie / es

il / elle / ce, c', cela

wir

nous

ihr

vous

sie

ils / elles

wer?

Qui ?

was?

Quoi ?

wie?

Comment ?

wo?

Où ?

wann?

Quand ?

Name

le nom

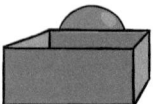

hinter

derrière

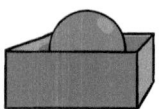

in

dans

vor

devant

über

au-dessus

auf

sur

unter

en-dessous

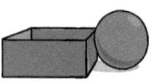

neben

à côté de

zwischen

entre

Ort

le lieu